Lev Tolstoj

Perché non mangio la carne

Il primo gradino, saggio per una vita buona

(1891)

a cura di Bruno Osimo

Titolo originale dell'opera: Первая ступень
Traduzione dal russo di Silvia Boscaini, Martina Braglia, Sara Cantoni, Andrea Chignola, Luca De Righetti, Sara Esposito, Elisabetta Granata, Claudia Leone, Angela Peducci, Chiara Roseti, Camilla Sartorio, Gloria Senis.
Bruno Osimo è un autore/traduttore che si autopubblica

La stampa è realizzata come print on sale da Kindle Direct Publishing

ISBN 9788898467716 per l'edizione elettronica
ISBN 9788898467723 per l'edizione cartacea

Contatti dell'autore-editore-traduttore: osimo@trad.it

Traslitterazione

La traslitterazione dei nomi è fatta in base alla norma ISO 9:

â si pronuncia come 'ia' in 'fiato' /ja/
c si pronuncia come 'z' in 'zozzo' /ts/
č si pronuncia come 'c' in 'cena' /tɕ/
e si pronuncia come 'ie' in 'fieno' /je/
ë si pronuncia come 'io' in 'chiodo' /jo/
è si pronuncia come 'e' in 'lercio' /e/
h si pronuncia come 'c' nel toscano 'laconico' /x/
š si pronuncia come 'sc' in 'scemo' /ʂ/
ŝ si pronuncia come 'sc' in 'esci' /ɕ:/
û si pronuncia come 'iu' in 'fiuto' /ju/
z si pronuncia come 's' in 'rosa' /z/
ž si pronuncia come 's' in 'pleasure' /ʐ/

Sommario

Prefazione

Questo saggio di Tolstoj del 1892 appartiene al periodo in cui il grande scrittore aveva rinnegato l'intera produzione letteraria della prima parte della sua vita – quella comprendente *Guerra e pace* e *Anna Karénina*, per intenderci – e aveva dedicato tutto sé stesso ad aiutare i poveri, i contadini, i bisognosi.

Il titolo originale del saggio è «Il primo gradino» ma, data l'attualità scottante del tema del vegetarianismo, ho preferito modificare nella versione italiana il titolo e mantenere l'originale come sottotitolo.

Il discorso del mangiare la carne è inserito nel quadro della successione delle virtù per condurre una vita buona. Per questo motivo, le prime otto parti del saggio sono dedicate a tutti i vizi e alle cattive abitudini che abbiamo, e all'ipocrisia – diremmo oggi – dei sedicenti credenti che predicano bene e razzolano male, perché non riescono a padroneggiare le proprie pulsioni, essendo privi di autocontrollo.

I lettori interessati solo al discorso sul vegetarianismo possono, volendo, passare direttamente alla nona parte, intitolata «Visita al macello di Tula», e leggerla insieme alla decima e ultima. Se però, come penso anche io, le argomentazioni per convincere chi mangia la carne a smettere non sono mai abbastanza, vi consiglio di leggere dall'inizio, perché Tolstoj è molto logico nella sua articolazione, ed è ancora più evidente, dopo avere letto le prime otto parti del saggio, quanto sia contraddittorio, incoerente e vergognoso mangiare la carne se si hanno semplicemente dei princìpi morali.

Non occorre essere né cristiani né religiosi per condividere l'argomentazione di Tolstoj. Anche un laico come il sottoscritto può giovarsi della profondità morale di questo testo, denso di potenziali citazioni adatte anche alla nostra era contemporanea, fatta di messaggi brevi marcati da tag.

Auguro a tutti noi che alla brevità di questi messaggi non corrispondano un'altrettanto breve memoria e un altrettanto rapido ragionamento. Buona lettura.

Bruno Osimo

I - La gradualità, la successione delle virtù

Come condurre una vita autenticamente buona

Se una persona non svolge un'azione per vanto, ma col desiderio di compierla, inevitabilmente agisce secondo una precisa successione determinata dalla sostanza della cosa. Se una persona svolge dopo ciò che, seguendo la sostanza, andrebbe fatto prima, o tralascia del tutto ciò che è necessario fare per poter continuare l'azione, è probabile che non agisca in modo serio, ma che stia solo fingendo.

Questa regola vale immancabilmente sia nei casi materiali, che in quelli immateriali. Così come non si può pensare seriamente di cuocere il pane, se prima non si è impastata la farina, scaldato e preparato il forno, e così via, allo stesso modo non si può pensare seriamente di condurre una vita buona se non si rispetta la giusta successione per acquisire le qualità necessarie.

Questa regola nelle azioni della vita buona è particolarmente importante, perché in un'azione materiale, come ad esempio nella cottura del pane, in base ai risultati della sua attività, si può capire se una persona agisce seriamente o se sta solo fingendo; ma nella conduzione di una vita buona questa verifica non è possibile. Se le persone, senza impastare la farina, senza scaldare il forno, come a teatro, fanno solo finta di cuocere il pane, dalle conseguenze – l'assenza di pane – è evidente a tutti che hanno solo fatto finta; ma se una persona fa finta di condurre una vita buona, non abbiamo segnali evidenti da cui si possa capire se si impegni seriamente a condurre una vita buona o se stia solo fingendo, non solo perché le conseguenze della vita buona non sono sempre percepibili e evidenti agli altri, ma molto spesso possono risultare nocive; e il fatto che gli altri riconoscano e apprezzino che una persona conduce una vita utile e piacevole non dimostra in nessun modo che la sua vita è davvero buona.

E quindi, per riconoscere che una vita sia autenticamente buona, è particolarmente importante questo segno, che consiste nella successione corretta con cui si acquisiscono le qualità necessarie per una vita buona. Questo segno non serve tanto a riconoscere l'autenticità dell'aspirazione a vivere una vita buona tra gli altri, quanto a riconoscerla in sé stessi, poiché noi, se è per questo, tendiamo ad ingannare noi stessi ancora più degli altri.

La corretta successione nell'acquisire le buone qualità è condizione necessaria per il movimento verso una vita buona, ed ecco perché tutti i maestri del mondo prescrivono alle persone sempre la stessa successione di doti di bontà.

In tutti gli insegnamenti morali è stabilita quella scala che, come dice la saggezza cinese, si erge dalla terra al cielo e su di essa l'ascesa non può avvenire se non dal gradino inferiore. Gli insegnamenti dei bramini, dei buddisti, dei confuciani come anche quelli dei saggi greci stabiliscono i gradini delle virtù, e il più alto non può essere raggiunto senza aver superato quello precedente. Tutti i maestri morali del mondo, religiosi e non, riconoscono la necessità di una precisa successione nell'acquisizione delle virtù necessarie per una vita buona; questa necessità deriva anche dall'essenza stessa della questione e perciò, sembrerebbe, va riconosciuta da tutte le persone.

Ma ecco la cosa sorprendente! È come se tutta la consapevolezza della successione necessaria delle qualità e delle azioni importanti per una vita buona si perdesse sempre di più e rimanesse solo nella sfera ascetica, monastica. Invece nella sfera delle persone laiche si presuppone e si ammette la possibilità di ottenere le qualità superiori della vita buona, non solo in assenza di doti di bontà inferiori, che determinano quelle superiori, ma anche con il più ampio sviluppo di difetti; di conseguenza anche l'idea di ciò che costituisce una vita buona, ai giorni nostri, porta la maggior parte delle persone di mondo alla massima confusione. Non si sa più cosa sia la vita buona.

II - Il cristianesimo solo esteriore

Tutti i gradini sono uguali in relazione all'ideale infinito

Questo è successo, penso, nel modo seguente.

Succedendo al paganesimo, il cristianesimo ha posto requisiti morali più alti rispetto a quelli pagani e, facendo ciò, ha inevitabilmente stabilito, come nella morale pagana, una successione indispensabile per l'acquisizione delle virtù, o dei gradini per raggiungere una vita buona.

Le virtù di Platone, a partire dall'autocontrollo, attraverso il coraggio e la saggezza, servivano a raggiungere la giustizia; le virtù cristiane, a partire dall'abnegazione, attraverso la devozione alla volontà di Dio, servono a raggiungere l'amore.

Le persone che accettavano seriamente il cristianesimo ed erano desiderose di fare propria una vita buona secondo i precetti cristiani intendevano così il cristianesimo e intraprendevano sempre l'ascesa verso la vita buona rinunciando alle proprie concupiscenze, facendo proprio l'autocontrollo dei pagani.

L'insegnamento cristiano ha sostituito quello pagano solo perché era diverso e superiore a quello pagano. Ma l'insegnamento cristiano, come quello pagano, conduce le persone alla verità e al bene; e poiché la verità e il bene sono immutabili, anche l'ascesa verso di loro deve essere immutabile, e i primi passi di questa ascesa devono inevitabilmente essere gli stessi sia per il cristiano che per il pagano.

La differenza tra l'insegnamento del bene cristiano e quello pagano è che quello pagano è l'insegnamento della perfezione finita, mentre quello cristiano di quella infinita. Platone, ad esempio, pone come modello di perfezione la giustizia; Cristo, invece, pone come modello la perfezione infinita dell'amore. «Siate voi dunque perfetti come è perfetto il Padre vostro celeste». Da questo discende anche il diverso modo di porsi dell'insegnamento cristiano e pagano nei confronti dei vari gradini delle virtù. Secondo l'insegnamento pagano è possibile raggiungere la somma virtù e ogni gradino per raggiungerla ha un significato relativo: più è alto il gradino, maggiore è la virtù, per cui le persone secondo l'insegnamento pagano sono divise in virtuose e non virtuose o più virtuose e meno virtuose. Secondo invece l'insegnamento cristiano, che ha creato l'idea della perfezione infinita, questa divisione non può esserci. Non ci possono essere nemmeno gradini più bassi o più alti. Secondo l'insegnamento cristiano, che aspira alla perfezione infinita, tutti i gradini sono uguali in relazione all'ideale infinito. La differenza della virtù nel paganesimo sta nel gradino che la persona ha raggiunto; secondo il cristianesimo la virtù consiste solo nel processo di raggiungimento, nella maggiore o minore velocità del movimento. Secondo il punto di vista pagano, la persona che possiede la virtù della prudenza, da un punto di vista morale, sta più in alto della persona che non possiede tale virtù; un uomo che possiede oltre alla prudenza anche il coraggio è ancora più alto; una persona che possiede sia la prudenza, sia il coraggio, sia anche la giustizia, è ancora più in alto; invece un cristiano non può essere considerato né superiore né inferiore a un altro in senso morale; un cristiano è tanto più cristiano, quanto più velocemente si muove verso la perfezione infinita, indipendentemente dal gradino in cui si trova in quel momento. Quindi l'immobile rettitudine del fariseo è inferiore rispetto al movimento del ladrone che si pente sulla croce.

Ma nel fatto che il movimento verso la virtù, verso la perfezione, non possa essere perfezionato saltando i gradini delle virtù inferiori, sia nel paganesimo che nel cristianesimo, – in questo non può esservi differenza.

Un cristiano, come un pagano, non può che iniziare il lavoro di perfezionamento fin dall'inizio. Così come allo stesso punto inizia il pagano, proprio dall'autocontrollo, così uno che vuole salire la scala non può non iniziare dal primo gradino. La differenza sta solo in questo, che per il pagano l'autocontrollo è una virtù in sé stessa, mentre per il cristiano è solo parte dell'abnegazione, che costituisce la condizione necessaria della ricerca della perfezione. E per questo il cristianesimo autentico nella sua manifestazione non poteva respingere le virtù indicate anche dal paganesimo.

Ma non tutti hanno inteso il cristianesimo come ricerca della perfezione del padre celeste; il cristianesimo inteso in modo errato ha distrutto la sincerità e la serietà dell'atteggiamento delle persone verso il suo insegnamento morale.

Se una persona crede di potersi salvare saltando l'insegnamento morale del cristianesimo, le viene naturale pensare che i suoi sforzi per essere buoni siano superflui. E per questo la persona che crede che esistano strumenti di salvezza senza sforzi personali per il raggiungimento della perfezione [come ad esempio le indulgenze presso i cattolici; NdA] non può anelare a ciò con l'energia e la serietà con la quale vi anela la persona che non conosce nessun altro mezzo oltre agli sforzi personali. Ma non anelando a ciò con completa serietà, conoscendo altri strumenti oltre agli sforzi personali, una persona inevitabilmente trascurerà anche quell'ordine invariato in cui possono essere acquisite le qualità buone necessarie per una vita buona. Proprio questo è accaduto alla maggior parte delle persone che professano il cristianesimo in modo puramente esteriore.

III - Nessuno deve vivere in modo sconveniente

Non è possibile amare il prossimo senza rinunce

L'insegnamento secondo cui gli sforzi non sono necessari e che vi sono altri mezzi per il raggiungimento della perfezione spirituale dell'uomo è la causa dell'indebolimento della volontà di perseguire una vita buona e dell'allontanamento dalla successione necessaria alla vita buona.

Un'enorme massa di persone, che solo esteriormente ha abbracciato la fede cristiana, ha approfittato della sostituzione del paganesimo con il cristianesimo per liberarsi da qualsiasi necessità di lottare contro la propria natura animale, dopo essersi liberata delle esigenze delle virtù pagane, come se non fossero indispensabili anche per il cristiano.

Lo stesso hanno fatto anche le persone che hanno smesso di credere al cristianesimo solo esteriore. Questi, come i credenti, ostentando al posto del cristianesimo esteriore una qualche buona azione presunta accolta dalla maggioranza, come lavorare nella scienza, nell'arte, nell'umanità, – in nome di questa buona azione presunta si sentono esonerati dall'acquisizione in successione delle qualità necessarie per la vita buona, e si accontentano di fingere di vivere una vita buona come a teatro.

Queste persone, che si sono lasciate alle spalle il paganesimo e non hanno aderito al cristianesimo autentico, hanno cominciato a predicare l'amore per Dio e per le persone senza abnegazione, senza giustizia e senza autocontrollo, cioè a predicare le virtù superiori senza aver raggiunto quelle inferiori, non virtù quindi, ma solo una loro parvenza.

Alcuni predicano l'amore per Dio e per gli uomini senza abnegazione, altri – l'umanitarismo, servono il prossimo, l'umanità, senza praticare l'autocontrollo.

E poiché questa predicazione incoraggia la natura animale dell'uomo con il pretesto di introdurlo nelle sfere morali superiori, liberandolo delle più elementari esigenze della moralità a suo tempo enunciate dai pagani, e non solo non respinte, ma rafforzate dal cristianesimo autentico, è stata accolta volentieri sia dai credenti che dai non credenti.

Solo pochi giorni fa è uscita l'enciclica del Papa sul socialismo. Qui, dopo la smentita dei pareri dei socialisti riguardo all'illegittimità della proprietà privata, dice esplicitamente che «Nessuno, indubbiamente, è obbligato ad aiutare il prossimo donando ciò di cui lui o la sua famiglia hanno bisogno (*«Nul assurément n'est tenu de soulager le prochain en prenant sur son necéssaire ou sur celui de sa famille»*), e neanche a privarsi di qualcosa necessario per il loro decoro. Nessuno, in realtà, dovrebbe vivere in contrasto con le consuetudini. (Questo è un passo di san Tommaso: *Nullus enim inconvenienter vivere debet* [ché (infatti) nessuno deve vivere in modo sconveniente]) «Ma una volta soddisfatti la necessità e il decoro esteriore», dice ancora l'enciclica, «il dovere di ognuno è dare quello che rimane ai poveri».

Così predica il capo di una delle chiese più diffuse al momento. Accanto alla predica sull'egoismo, che prescrive di dare al tuo prossimo ciò di cui non hai bisogno, si predica l'amore, e le famose parole di Paolo dal capitolo 13 della prima lettera ai Corinzi sull'amore sono costantemente citate con pathos.

Nonostante l'intero insegnamento del Vangelo sia pieno di richieste di abnegazione, di indicazioni che la negazione di sé è la prima condizione della perfezione cristiana e nonostante chiare massime come: «Chi non prende la sua croce... Chi ama il padre e la madre più di me... chi cerca di conservare la sua vita...» , le persone assicurano a sé stesse e agli altri che è possibile amare le persone senza rinunciare non solo a ciò a cui si è abituati, ma anche a ciò che si considera decoroso. Così parlano i falsi cristiani ed esattamente così pensano e dicono e scrivono e agiscono le persone che rifiutano non solo la dottrina cristiana esteriore, ma anche quella vera, i liberi pensatori. Queste persone assicurano a sé stessi e agli altri che, senza rinunciare affatto alle proprie esigenze, senza sconfiggere le proprie concupiscenze, è possibile servire le persone e l'umanità, cioè è possibile condurre una vita buona.

Le persone hanno abbandonato la successione pagana delle virtù e, non avendo fatto propria la dottrina cristiana nel suo vero significato, non hanno accettato nemmeno la successione cristiana e sono rimasti senza alcuna guida.

nel suo vero significato, non hanno accettato nemmeno la successione cristiana e sono rimasti senza alcuna guida.

IV - Vivere senza soddisfare abitudini inutili
Persino gli eroi della letteratura sono parassiti depravati

Nell'antichità, quando non c'era l'insegnamento cristiano, secondo tutti i maestri di vita, a partire da Socrate, la prima virtù della vita era l'autocontrollo – ἐγκράτεια o σωφροσύνη [empatia o saggezza], ed era chiaro che ogni virtù doveva partire da qui e passare da qui. Era chiaro che l'uomo non è padrone di sé, ha sviluppato una grande quantità di concupiscenze e, essendone dipendente, non può condurre una vita buona. Era chiaro che prima che l'uomo potesse pensare non solo alla generosità e all'amore, ma all'altruismo e alla giustizia, doveva imparare a essere padrone di sé stesso. Invece secondo le nostre stesse opinioni, niente è necessario. Siamo del tutto certi che una persona che abbia sviluppato le concupiscenze a un alto livello, come è avvenuto nella nostra epoca, una persona che non abbia potuto vivere senza soddisfare le centinaia di inutili abitudini che hanno potere su di lui, possa comunque indirizzarsi verso la morale, una vita buona.

Nel nostro tempo e nel nostro mondo, sforzarsi di limitare le proprie concupiscenze non solo non è considerato fondamentale, ma nemmeno necessario per condurre una vita buona. Secondo l'insegnamento moderno più diffuso e dominante della vita, l'aumento dei bisogni è considerato, al contrario, una qualità desiderabile, un segno di sviluppo, civiltà, cultura e perfezionamento. Le persone cosiddette "colte" ritengono che le abitudini al comfort, cioè alla mollezza, siano in sostanza abitudini non soltanto non dannose ma buone, che mostrano una certa statura morale della persona, quasi una virtù.

Più sono i bisogni, più sono sofisticati questi bisogni, e meglio è.

Nulla può confermare questo meglio della poesia descrittiva e in particolare i romanzi del nostro secolo e di quello passato.

Come sono raffigurati gli eroi e le eroine che rappresentano gli ideali di virtù?

Nella maggior parte dei casi gli uomini che devono rappresentare un che di nobile e elevato, a partire da Childe Harold fino agli ultimi degli eroi di Feuillet, Trollope, Maupassant, in sostanza non sono altro che parassiti depravati, che non servono a niente e a nessuno; mentre le eroine, in un modo o nell'altro, sono amanti che danno più o meno piacere ai maschi, altrettanto oziose e devote al lusso.

Non sto parlando della descrizione occasionale della letteratura di persone che davvero si autocontrollano e faticano, sto parlando piuttosto del tipo solito che costituisce l'ideale delle masse, quel tipo di persona che la maggior parte degli uomini e delle donne prova a emulare. Ricordo, quando scrivevo romanzi, che l'inesplicabile difficoltà in cui mi imbattevo – e in cui ora so che si imbattono tutti i romanzieri che abbiano quantomeno la più vaga consapevolezza di cosa sia fatta la vera bellezza morale – consisteva nel raffigurare un uomo di mondo, una brava persona, buona e allo stesso tempo una persona reale.

V - Mollezza, ozio e lusso sono diseducativi

Per le virtù superiori bisogna acquisire autocontrollo

La dimostrazione indiscutibile che davvero le persone dei nostri tempi non solo non riconoscono che l'autocontrollo pagano o l'abnegazione cristiana sono la sostanza delle qualità essenziali e buone, ma ritengono che l'aumento delle esigenze sia qualcosa di buono ed elevato è il modo in cui nella stragrande maggioranza dei casi vengono cresciuti i bambini del nostro mondo. Non solo non li educano all'autocontrollo, come nel caso dei pagani, e all'abnegazione, come dovrebbero fare i cristiani, ma inculcano consapevolmente in loro l'abitudine della mollezza, dell'ozio fisico e del lusso.

Da tempo desidero scrivere questa fiaba: una donna, essendo stata offesa da un'altra, per vendicarsi della nemica rapisce suo figlio. Va da uno stregone e gli chiede di aiutarla a vendicarsi nel modo più cattivo possibile sull'unico figlio della sua nemica. Lo stregone dice alla rapitrice di portare il bambino in un luogo da lui indicato, e garantisce che la vendetta sarà la più terribile. La donna malvagia obbedisce, ma segue il bambino e con sua sorpresa vede che viene adottato da un uomo ricco senza figli. Lei va dallo stregone a protestare, ma lo stregone le dice di aspettare. Il bambino cresce nel lusso e nella mollezza. La donna malvagia è attonita, ma lo stregone le dice di aspettare. Ed effettivamente arriva il momento in cui la donna malvagia è soddisfatta e addirittura ha pena della sua vittima. Il bambino cresce nella mollezza e nella dissolutezza e, grazie al proprio carattere buono, si rovina. E qui inizia una serie di sofferenze fisiche, di miseria e di umiliazione nei confronti dei quali è particolarmente sensibile e contro cui non sa combattere. L'aspirazione a una vita morale e l'impotenza del viziato, abituato al lusso e all'ozio della carne. È una lotta inutile, si cade sempre più in basso, l'ubriachezza per perdersi, e il crimine o la pazzia, o il suicidio.

In realtà, non si può non guardare con orrore all'educazione di alcuni bambini nel nostro mondo. Solo il peggior nemico potrebbe diligentemente inculcare al bambino quelle debolezze e quei vizi che gli vengono inculcati dai genitori, soprattutto dalle madri. S'inorridisce guardando tutto ciò e ancora di più guardando le sue conseguenze, se si è in grado di vedere che cosa succede alle anime migliori di questi bambini, accuratamente rovinati dai genitori stessi.

Abituati alle abitudini della mollezza, abituati quando ancora la piccola creatura non capisce il loro valore morale. Distrutta non è solo l'abitudine all'astinenza o all'autocontrollo, ma, contrariamente a ciò che si faceva per l'educazione a Sparta e in generale nel mondo antico, questa capacità è del tutto atrofizzata.

Non solo la persona non è abituata alla fatica, a tutte le condizioni di qualsivoglia fatica fruttuosa, alla concentrazione dell'attenzione minuziosa, alla tensione, alla costanza, ai passatempi, alla capacità di aggiustare le cose guaste, alla stanchezza, alla gioia di aver finito un lavoro, ma è abituata all'ozio e alla negligenza di qualsiasi fatica, è abituata a guastare, gettare e di nuovo acquistare con il denaro tutto quello che le viene in mente, senza pensare mai a come questa cosa viene fatta. La persona è privata della capacità di acquisire la prima virtù necessaria, indispensabile per acquisire tutte le altre – la temperanza, e viene lanciata in un mondo in cui vengono insegnate e sembrano apprezzate le alte virtù della giustizia, il servizio alle persone, l'amore. Orbene, se un giovane è di natura moralmente debole, non sensibile, non sente la differenza tra la vita buona effettiva e quella apparente che può essere soddisfatta nonostante il male che regna nella vita. Se è così, tutto è organizzato in modo apparentemente buono, e senza che mai si risvegli il suo senso morale una persona del genere a volte vive tranquillamente fino alla tomba. Ma non sempre va così, specialmente negli ultimi tempi, in cui la consapevolezza dell'immoralità di una tale vita si avverte nell'aria e, senza parere, s'insinua nel cuore. Spesso, e sempre più spesso, accade che le esigenze della moralità effettiva e non posticcia si risveglino, e allora comincia una tormentosa lotta interna, e sofferenze che raramente finiscono con la vittoria del senso morale. L'uomo sente che la sua vita è cattiva, che ha bisogno di cambiarla tutta fin dal principio e sta cercando di farlo;

ma qui le persone che hanno affrontato quella stessa lotta e non hanno l'hanno vinta si avventano da ogni parte contro chi sta cercando di cambiare la propria vita e con tutti i mezzi cercano di convincerlo che questo non è affatto necessario, che non servono l'autocontrollo e l'abnegazione per essere buoni, che è possibile, indulgendo all'ingordigia, all'eleganza, all'ozio fisico, financo alla libidine, essere una brava persona, utile. E la lotta nella maggior parte dei casi finisce con le lacrime. Oppure la persona sfinita dalla propria debolezza si sottomette a questa voce comune e sopprime la voce della coscienza, fa dei contorcimenti mentali per giustificarsi, e continua a condurre quella stessa vita depravata, convincendosi di essersi riscattato in un cristianesimo esteriore oppure al servizio della scienza, dell'arte; oppure lotta, soffre e impazzisce, o si spara. Succede raramente che tra tutte le tentazioni che lo circondano, l'uomo del nostro mondo capisca che c'è e c'è stata migliaia di anni fa una truismo per tutte le persone ragionevoli, vale a dire che per fare una vita buona bisogna prima di tutto smettere di vivere una vita cattiva e che per conseguire una qualsiasi virtù superiore si deve prima di tutto acquisire la virtù dell'astinenza o autocontrollo, come lo definivano i pagani, o la virtù dell'abnegazione, come la definisce il cristianesimo – e a poco a poco, facendo uno sforzo su sé stesso, ce la farebbe.

VI - Avidi e ingordi non possono fare una vita buona
La morale deve essere coerente

Ho appena letto delle lettere di un russo, dotto e progressista degli anni Quaranta, l'esiliato Ogarëv, a un'altra persona, molta dotta e di talento: Herzen. In queste lettere Ogarëv espone i suoi pensieri sinceri, presenta le sue massime aspirazioni, e non si può non vedere che, come è proprio di una persona giovane, ogni tanto si mette in posa di fronte al suo amico. Parla del miglioramento di sé, dell'amicizia sacra, dell'amore, del servizio della scienza, dell'umanità, eccetera. E qui con tono tranquillo scrive di disturbare spesso l'amico con cui vive, tanto che scrive «torno (a casa) ubriaco oppure sparisco per lunghe ore con una creatura smarrita, ma cara...» È evidente che una persona di gran cuore, di talento, istruita non possa nemmeno immaginarsi che ci sia mai stato qualcosa di riprovevole nel fatto che lui, uomo sposato, aspettando che la moglie partorisse (nella lettera successiva scrive che la moglie ha partorito) torni a casa ubriaco, indulgendo alla compagnia di donne dissolute. Non gli passava nemmeno per la testa che finché non avesse cominciato a combattere, e almeno in parte a vincere, la propria inclinazione all'ubriachezza e alla fornicazione, di amicizia, d'amore e soprattutto di servizio non c'era nemmeno da parlare. E lui non solo non ha lottato contro questi vizi, ma, evidentemente, li considerava qualcosa di molto caro, che non ostacolava per niente lo sforzo di perfezionarsi, e per questo non solo non li nascondeva all'amico al quale voleva apparire sotto una luce migliore, ma addirittura glieli esibiva.

Ebbene, così succedeva mezzo secolo fa. Di persone del genere ne ho incontrate parecchie. Ho conosciuto di persona Ogarëv e Herzen, e le persone di quel gruppo, e persone che erano cresciute con le stesse tradizioni. In tutte queste persone c'era una sorprendente mancanza di coerenza nelle questioni della vita. Avevano un sincero, ardente desiderio di bene e un'assoluta dissolutezza della concupiscenza personale, il che, a loro parere, non impediva di condurre una vita buona e compiere grandi azioni, persino grandi imprese. Mettevano l'impasto mescolato male in un forno non abbastanza caldo e credevano che il pane si sarebbe cotto. Quando, nella loro vecchiaia, cominciarono ad accorgersi che il pane non era cotto, cioè che dalla loro vita non veniva nessun bene, videro in questo una tragedia particolare.

Il tragismo insito in questa vita è davvero terribile. E questa era una tragedia per Herzen, Ogarëv e altri, e lo è oggi per moltissimi uomini cosiddetti istruiti del nostro tempo, che hanno mantenuto le stesse opinioni. La persona cerca di vivere una vita buona, ma la successione necessaria per far sì che questo accada, nella società in cui vive, si disperde. Così come cinquant'anni fa Ogarëv e Herzen, oggi la maggior parte delle persone sono convinte che vivere una vita agiata, mangiare di gusto cose dolci e cose grasse, godersela, soddisfare appieno la propria lussuria siano atti che non impediscono la vita buona. Ma, ovviamente, la vita buona non gli riesce, e si fanno prendere dal pessimismo e dicono: «Questa è la condizione tragica dell'uomo».

VII - Non si può fare una buona azione senza interrompere il corso della vita
Una persona che vive nel lusso non può condurre una vita buona

L'errore delle persone che si abbandonano alle loro lussurie – considerando questa vita lussuriosa buona, utile, giusta, amorevole – è così sorprendente che le persone delle generazioni successive, io credo, non capiranno affatto cosa intendevano le persone del nostro tempo per «vita buona», dal momento che sostengono che gli ingordi, i viziati, i lussuriosi fanno una vita buona. In effetti, basta abbandonare la consueta visione della nostra vita e guardarla – non dico da un punto di vista cristiano – ma da un punto di vista pagano, dal punto di vista delle più basse esigenze di giustizia, per convincersi che di vita buona non c'è nemmeno da parlare.

Ogni persona nel nostro mondo per cominciare non dico una vita buona, ma per cominciare almeno un piccolo movimento al suo interno, prima di tutto deve smettere di condurre una vita cattiva, cioè deve cominciare a distruggere le condizioni di vita cattiva in cui si trova.

Quanto spesso senti, come giustificazione del fatto che noi non cambiamo la nostra vita cattiva, il ragionamento che una condotta che andasse contro la vita abituale sarebbe innaturale, ridicola o un desiderio di mettersi in mostra e non sarebbe una buona azione. Sembra un ragionamento fatto apposta per quelle persone che non hanno mai cambiato la loro vita cattiva. Dopotutto, se tutta la nostra vita fosse buona, giusta, gentile, allora e solo allora ogni azione conforme alla vita comune sarebbe buona. Ma se la vita è per metà buona e per metà cattiva, per ogni azione che non è conforme alla vita comune c'è la stessa probabilità che sia buona o cattiva. Se invece la vita è tutta cattiva, sbagliata, la persona che vive questa vita non può compiere una sola buona azione senza infrangere il corso abituale della vita. È possibile compiere un'azione cattiva senza interrompere il normale corso della vita, ma non è possibile compierne una buona. La persona che vive la nostra vita non può condurre una vita buona prima di uscire dalle condizioni di malvagità in cui si trova, non può iniziare a fare del bene, se non smette di compiere il male. Una persona che vive nel lusso non può condurre una vita buona. Tutti i suoi tentativi di fare buone azioni saranno vani finché non cambierà la propria vita e non compirà in ordine la prima azione che è da compiere. La vita buona, sia secondo la concezione del mondo pagana, tanto più secondo quella cristiana, è misurata unicamente – e non può essere misurata in nessun altro modo – dal rapporto in senso matematico tra amore per sé stessi e amore nei confronti degli altri. Minori sono l'amore verso sé stessi e la preoccupazione che ne deriva, le fatiche e le preoccupazioni degli altri verso di sé, maggiore è l'amore verso gli altri e la preoccupazione che ne deriva, le fatiche e le fatiche per gli altri da parte nostra, più la vita è buona. Così intendevano e intendono la vita buona tutti i sapienti del mondo e tutti i veri cristiani, ed esattamente così intendono le persone più semplici. Più la persona dà agli altri e meno pretende per sé, migliore è; meno dà agli altri e più richiede per sé, peggiore è.

Se si sposta il punto di appoggio della leva dall'estremità lunga a quella corta, non solo il braccio lungo aumenta, ma anche quello corto si accorcia. Cosicché se la persona, avendo una data capacità di amare, ha aumentato l'amore e la preoccupazione per sé, in questo modo ha diminuito la possibilità di amare e preoccuparsi per gli altri, non solo per quella quantità di amore che ha trasferito su di sé, ma in misura molto maggiore. Invece di nutrire gli altri, l'uomo ha mangiato anche il superfluo, e facendo ciò non solo ha diminuito la possibilità di dare questo superfluo, ma si è anche privato della possibilità di prendersi cura degli altri a causa della sua ingordigia.

Per poter amare gli altri davvero, non a parole, bisogna non amare sé stessi, anche qui non a parole, ma con i fatti. Di solito succede in questo modo: noi pensiamo di amare gli altri, convinciamo di questo noi stessi e gli altri, ma amiamo solo a parole, invece nei fatti amiamo noi stessi. Ci dimentichiamo di nutrire e di mettere a dormire gli altri, ma noi stessi mai. Ecco perché, per poter davvero amare gli altri coi fatti, dobbiamo imparare a dimenticare di nutrirci e di metterci a letto, proprio come ci dimentichiamo di farlo nei confronti degli altri.

Diciamo «brava persona» e «conduce una vita buona» di una persona viziata, abituata a una vita di lusso. Ma questa persona – uomo o donna – può avere i tratti più amabili di carattere, mansuetudine e benevolenza, ma può non condurre una vita buona, così come un coltello di fine lavorazione e di bell'acciaio può non essere acuto e tagliare se non è affilato. Essere buoni e condurre una vita buona significa dare agli altri più di quello che ricevi da loro. Invece la persona, viziata e abituata alla vita di lusso, non può farlo, in primo luogo perché ha sempre molti bisogni (e non a causa del suo egoismo, ma perché è abituata, ed è una sofferenza perdere quello a cui è abituata), e in secondo luogo, perché consumando tutto ciò che riceve dagli altri, con questo stesso consumo si indebolisce, si priva dell'opportunità di lavorare e quindi di servire gli altri. Una persona viziata, che vive nella bambagia, che dorme a lungo, che mangia grasso, dolce e abbondante e che beve, che veste pesante o leggero a seconda delle stagioni, non abituata alla tensione del lavoro, non può fare che molto poco.

Siamo così abituati a mentire a noi stessi e alle bugie degli altri, – ci conviene così tanto non vedere le bugie degli altri perché loro non vedano le nostre, che non siamo affatto sorpresi e non dubitiamo della validità dell'affermazione della virtù, a volte persino della santità delle persone che vivono una vita completamente dissoluta.

Una persona, uomo o donna, dorme su un letto con le molle, con due materassi e due lenzuola stirate pulite, federe, cuscini di piuma. Vicino al letto c'è un tappetino, perché non prenda freddo mettendo giù i piedi, nonostante ci siano anche le pantofole. Ci sono anche gli oggetti necessari così da non dover uscire. Le finestre sono coperte da tende in modo tale che la luce non la svegli e possa dormire quanto vuole. Inoltre, sono state prese delle misure per mantenere caldo d'inverno e fresco d'estate, perché non venga disturbata da rumori e mosche e altri insetti. Dorme, e l'acqua calda e fredda per lavarsi, a volte per il bagno o per radersi, è già pronta. Vengono preparati il tè o il caffè, bevande eccitanti che vengono bevute subito dopo il risveglio. Stivali, scarponi, galosce, diverse paia, che ha sporcato ieri vengono già pulite, in modo che brillino come il vetro e che su di esse non ci sia nemmeno un granello di polvere. Inoltre, di giorno vengono puliti diversi vestiti precedentemente indossati, che sono appropriati non solo per l'inverno e l'estate, ma anche per la primavera, l'autunno, per il clima piovoso, umido e caldo. Viene preparata la biancheria lavata, inamidata, stirata e pulita, con i bottoni, i gemelli, gli occhielli, di cui si occupano le persone preposte. Se una persona è operosa, si alza presto, cioè alle sette, cioè comunque due/tre ore dopo quelli che hanno preparato tutto questo per lei. Oltre alla preparazione dei vestiti per il giorno e delle coperte per la notte, ci sono ancora dei vestiti per il momento in cui ci si veste, vestaglie, pantofole, ed ecco che una persona va a lavarsi, pulirsi, pettinarsi, e per fare ciò utilizza diverse varietà di spazzole, di saponi e una grande quantità di acqua e di sapone. (Molti inglesi e molte donne per qualche motivo sono particolarmente orgogliosi di potersi lavare con molto sapone e molta acqua). Poi una persona si veste, si pettina in particolare davanti a ciò che si trova in quasi tutte le stanze, lo specchio, prende le cose necessarie come per esempio: per la maggior parte occhiali oppure pince-nez, lorgnette, poi si infila nelle tasche: un fazzoletto pulito per soffiarsi il naso, un orologio a catenella, benché ovunque sarà, quasi in ogni stanza c'è un orologio; prende i soldi di diversi tagli, piccoli (spesso in particolare per questo ha un macchinetta, che lo libera della fatica di trovare ciò che gli serve) e biglietti, cartoncini su cui è stampato il suo nome, che lo libera della fatica di parlare o scrivere; un taccuino bianco, una matita. Per le donne, vestire è ancora più difficile: corsetto, acconciatura, capelli lunghi, gioielli, nastri, gomme, nastrini, cravattini, forcine, spille, fermagli.

Ma ecco è tutto pronto, la giornata di solito inizia con il cibo, bevendo caffè o tè con una grande quantità di zucchero, mangiando pane; pane di farina di frumento raffinata, con una grande quantità di burro, a volte con carne di maiale. Nella maggior parte dei casi gli uomini fumano durante il pasto sigarette o sigari e poi leggono il giornale nuovo appena portato. Poi vanno a piedi da casa al lavoro o per delle commissioni, oppure vanno in carrozze fatte apposta per trasportare queste persone. Poi una colazione di animali, uccelli, pesci morti, poi una cena dello stesso tipo, come minimo di tre portate – un piatto dolce, caffè, poi il gioco alle carte, e la musica, o il teatro, la lettura o la conversazione in poltrone con le molle con la luce intensificata e ammorbidita di una candela, del gas, dell'elettricità, di nuovo il tè, di nuovo il cibo, la cena, e di nuovo a letto, preparato, sprimacciato con lenzuola pulite e piatti puliti.

Tale è la giornata di una persona dalla vita modesta, della quale, se è di natura mite e non ha abitudini eccezionalmente spiacevoli per gli altri, si dice che è una persona che conduce una vita buona.

Ma la vita buona è la vita di un uomo che fa del bene alla gente; come può fare del bene alla gente una persona che vive così ed è abituata a vivere così? Dopo tutto, prima di fare il bene, deve smettere di fare del male alle persone. E considerate tutto il male che lei, spesso senza saperlo, fa alla gente, e vedrete che è lontana dall'essere buona con le persone, e deve fare molti, molti atti eroici per espiare il male che ha fatto, mentre lei, indebolita dalla propria vita lussuriosa, non è in grado di compiere nessun atto eroico. Dopo tutto, avrebbe potuto dormire, in modo più sano sia fisicamente che moralmente, sdraiata sul pavimento su un mantello, come dormiva Marco Aurelio, e pertanto tutte le fatiche e tutto il lavoro potrebbero non essere necessari: di materassi e di molle e di cuscini di piume e del lavoro quotidiano della lavandaia, una donna, una debole creatura con le sue debolezze femminili, e il parto, e l'allattamento dei bambini, che deve fare il bucato a un uomo forte. Potrebbe andare a letto prima e alzarsi presto, e il lavoro delle tende e dell'illuminazione serale potrebbero non esserci neanche questi. Potrebbe dormire nella stessa camicia che ha indossato durante il giorno, potrebbe camminare a piedi nudi sul pavimento e uscire nel giardino, potrebbe lavarsi con l'acqua del pozzo, in parole semplici, potrebbe vivere come vivono tutti quelli che lavorano per lei e di conseguenza tutti quei lavori per lei potrebbero non essere svolti. Potrebbero non essere svolti tutti i lavori per i suoi vestiti, per il suo cibo raffinato, per il suo divertimento.

Quindi come può far del bene e condurre una vita buona una persona del genere, senza cambiare la sua vita viziosa, lussuosa. Una persona morale non può, non mi riferisco a un cristiano, ma anche solo uno che professa l'umanità o almeno la giustizia, non può fare a meno di voler cambiare vita e smettere di usare oggetti di lusso, a volte prodotti con un danno per altre persone.

Se una persona ha davvero pena per quelli che lavorano il tabacco, la prima cosa che dovrebbe smettere di fare senza neanche pensarci è fumare, perché continuando a fumare e comprando tabacco, fa continuare la produzione di tabacco, facendo peggiorare la salute delle persone.

Ma le persone dei nostri tempi non ragionano così. Escogitano i ragionamenti più vari e astuti, tranne quelli di una persona semplice, che sembrano naturali a tutti. Secondo il loro ragionamento, non è affatto necessario astenersi dai beni di lusso. È possibile compatire la posizione dei lavoratori, fare discorsi e scrivere libri a loro favore e nel contempo continuare a usufruire di questa fatica che noi consideriamo dannosa per loro.

Secondo alcuni ragionamenti risulta che approfittare delle fatiche micidiali altrui è possibile perché se non le uso io, le userà un altro. È un po' come dire che devo bere il vino che mi fa male, perché ormai l'ho comprato, quindi se non lo bevo io, lo farà qualcun altro.

Da altri ragionamenti discende che usare le fatiche di queste persone per il lusso è persino molto utile per loro, poiché noi in questo modo diamo loro i soldi, cioè la possibilità di sostentamento, come se fosse impossibile dare loro la possibilità di sostentamento in altro modo, se non costringendoli a fare cose dannose per loro e superflue per noi.

Tutto ciò deriva dal fatto che le persone pensano che sia possibile condurre una vita buona senza aver fatto proprio il valore più importante, necessario per la vita buona.

E il valore più importante è l'autocontrollo.

VIII - Una persona sazia non sa combattere la pigrizia

I banchetti sono incompatibili con la vita buona

Non c'è stata e non ci può essere una vita buona senza autocontrollo. Senza autocontrollo è impensabile una vita buona. Ogni conquista di vita buona deve iniziare da qui.

Esiste una scala delle virtù, e bisogna iniziare dal primo gradino per salire ai successivi; e la prima virtù che una persona deve apprendere se vuole apprendere la successiva è quella che gli antichi chiamavano ἐγκράτεια o σωφροσύνη, ossia la prudenza o autocontrollo.

Se nell'insegnamento cristiano l'autocontrollo è compreso nel concetto di abnegazione, in ogni caso la successione rimarrà la stessa e l'acquisizione di virtù cristiane è impossibile senza l'autocontrollo – non perché qualcuno se lo sia inventato, ma perchè così è l'essenza dei fatti.

L'autocontrollo è il primo passo verso qualsiasi vita buona.

E l'autocontrollo non si ottiene all'improvviso, ma solo per gradi.

L'autocontrollo è la liberazione dell'uomo dalle passioni, è una conquista verso la morigeratezza, σωφροσύνη. Ma una persona ha molte passioni diverse, e per riuscire a combatterle la persona deve cominciare da quelle di base, quelle su cui crescono le altre, più complesse, e non da quelle complesse nate su quelle di base. Ci sono passioni complesse come la lussuria dell'abbellimento del corpo, del gioco, dei divertimenti, dei pettegolezzi, della curiosità e molte altre, e ci sono passioni di base: l'ingordigia, l'ozio, l'amore carnale. Nella lotta contro le passioni non bisogna cominciare dalla fine, dalla lotta contro le passioni complesse; bisogna cominciare da quelle di base, e in un ordine ben preciso. E questo ordine è determinato sia dalla sostanza della cosa, sia dalla tradizione della saggezza umana.

Una persona troppo piena di cibo non è in grado di combattere la pigrizia, e una persona troppo piena di cibo e oziosa non sarà mai in grado di combattere la lussuria sessuale. E quindi, secondo tutti gli insegnamenti, la lotta per l'autocontrollo incomincia dalla lotta contro l'ingordigia, incomincia con il mangiare di magro. E nel nostro mondo è stato perso così tanto, da così tanto tempo è andato perduto qualsiasi rapporto serio verso l'acquisizione di una vita buona, che la primissima virtù – l'autocontrollo –, senza la quale le altre sono impossibili, è considerata superflua – ed è andata perduta la gradualità necessaria per l'acquisizione di questa prima virtù, e il mangiare di magro è stato dimenticato da molti e si è deciso che mangiare di magro è una superstizione stupida e non è affatto necessario.

E dato che la prima condizione di una vita buona è l'autocontrollo, la prima condizione di una vita di autocontrollo è mangiare di magro.

Si può desiderare essere buoni, sognare il bene, senza mangiare di magro; ma in realtà essere buoni senza mangiare di magro è impossibile come camminare senza stare in piedi sulle gambe.

Mangiare di magro è la condizione necessaria per una vita buona.

E l'ingordigia è sempre stata ed è il primo segno di una

vita negativa – di una vita cattiva, e, purtroppo, questo segno contraddistingue massimamente la vita della maggioranza delle persone del nostro tempo.

Guardate il viso e la corporatura della gente del nostro ambiente e del nostro tempo. In molti di questi individui con mento e guance pendule, con membra ingrassate e pance prominenti, si trova l'impronta indelebile della vita depravata.

È così e non potrebbe essere diversamente.

Guardate attentamente la nostra vita, ciò che muove la maggior parte delle persone del mondo; chiedetevi, qual è l'interesse principale di questa maggioranza? E per quanto strano possa sembrare a noi, abituati a nascondere i nostri interessi reali e a esibirne di falsi, posticci, – l'interesse principale nella vita della maggior parte delle persone del nostro tempo è la soddisfazione della gola, il piacere del cibo, dell'abbuffarsi. A partire dalle classi più povere fino alle più ricche della società, l'ingordigia, penso, è l'obiettivo principale, il principale piacere della nostra vita. Il popolo povero, lavoratore costituisce un'eccezione solo nella misura in cui il bisogno gli impedisce di abbandonarsi a questa passione. Appena ha tempo e i mezzi, il popolo, imitando le classi superiori, si procura le cose più gustose e dolci, e mangia e beve più che può. Più mangia, più non solo si considera felice, ma anche forte e sano. E questa convinzione è sostenuta dalle persone istruite, che considerano il cibo in questo modo. Le classi colte collegano felicità e salute (a quanto garantiscono i loro medici, sostenendo che il cibo più costoso, la carne, sia il più sano) a un cibo gustoso, nutriente e facile da digerire, – anche se cercano di nasconderlo.

Guardate la vita di queste persone, ascoltate i loro discorsi. Quali materie apparentemente elevate li occupano: e la filosofia, e la scienza, e l'arte, e la poesia, e la distribuzione della ricchezza e il benessere del popolo, e l'educazione dei giovani; ma tutto questo per la stragrande maggioranza è una menzogna, tutto questo li occupa nelle pause tra il lavoro vero, la realtà, tra la colazione e il pranzo, mentre lo stomaco è pieno, e non è necessario mangiare ancora. L'interesse di una persona, reale, l'interesse della maggioranza, sia degli uomini che delle donne – è il cibo, soprattutto dopo la prima giovinezza. Come mangiare, che cosa mangiare, quando, dove?

Nessuna celebrazione, nessuna gioia, nessuna consacrazione, nessuna scoperta è completa senza mangiare.

Guardate le persone che viaggiano. Nel loro caso questo è particolarmente evidente. Il museo, la biblioteca, il parlamento: che interessanti! E dove mangiamo? Dove si mangia meglio? Ma guardate solo le persone, come si riuniscono per cena, vestite, profumate, a un tavolo decorato con fiori, con che gioia si sfregano le mani e sorridono.

A guardare nell'anima delle persone, la maggior parte cosa aspetta? Che gli venga appetito per colazione, per pranzo.

Qual è la peggior punizione fin dall'infanzia? Stare a pane e acqua.

Chi ottiene la massima paga tra gli artigiani? I cuochi.

Qual è l'interesse principale della padrona di casa? Qual è, nella maggior parte dei casi, l'argomento principale delle conversazioni tra le padrone di casa? E se la conversazione delle persone di ceto superiore non riguarda questo argomento, non è perché sono più istruite e si impegnano per interessi superiori, ma solo perché hanno un'economa o un maggiordomo, che si occupano di questo e garantiscono loro i pranzi. Ma provate a privarli di questa comodità e vedrete in loro la preoccupazione. Tutto si riduce a domande sul cibo, sulla schiuma del francolino, sui miglior modi per prepare il caffè, cuocere i dolci eccetera. Le persone si riuniscono per qualsiasi occasione: battesimi, funerali, matrimoni, consacrazione di chiese, addii, riunioni, commemorazione dei morti, anniversari dei grandi scienziati, filosofi, e maestri di moralità, si riuniscono persone apparentemente impegnate negli interessi più elevati. O almeno questo è quello che dicono; ma in realtà fingono: tutti sanno che ci sarà cibo buono e saporito, e anche bevande e questa è la cosa principale che li ha fatti riunire. Da diversi giorni ormai per questo stesso scopo vengono abbattuti e macellati animali, vengono caricati cesti di generi alimentari dalle botteghe, e i cuochi, i loro aiutanti, le cuoche e i mugikì camerieri vestiti di tutto punto, con i grembiuli inamidati impeccabili e i cappelli da cuoco, lavorano. Lavorano ricevendo 500 rubli e più rubli al mese gli chef impartendo ordini. I cuochi tagliano, impastano, lavano, sistemano, decorano. Con la stessa solennità e senso d'importanza lavora lo stesso capo, soppesando, ponderando, immaginandosi l'aspetto delle porzioni come un artista. Lavora il giardiniere coi fiori. Le donne addette al lavaggio dei piatti. Lavora un esercito di persone, assorbe la produzione di migliaia di giornate lavorative, e tutto affinché le persone riunite possano parlare del memorabile, fantastico maestro di scienza, moralità o per ricordare l'amico defunto o per istruire i giovani sposi che incominciano la loro nuova vita.

Nella vita quotidiana bassa e media è chiaramente evidente che una vacanza, un matrimonio o un funerale sono solo – ingozzarsi. È così che concepiscono queste occasioni. L'abbuffata così prende il posto del motivo della riunione, che in greco e in francese si chiamerebbe nozze e banchetto. Ma negli ambienti più alti, tra le persone sofisticate, si usa grande arte per nasconderlo e per far finta che il cibo sia una questione secondaria, che sia solo buona educazione. Gli fa comodo pensarla così, perché per la maggior parte, nel vero senso della parola, sono strapieni, – non sono mai affamati.

Fanno finta che il pranzo, il cibo, a loro non siano necessari, che sia persino un peso; ma è una bugia. Provate invece di dare loro i piatti raffinati che si aspettano, a dargli non dico pane con acqua, ma kaša e lapši [polentina di grano, specie di tagliatelle], e vedrete che tipo di tempesta causerà, e come verrà fuori come stanno davvero le cose, cioè che nella riunione di queste persone l'interesse principale non è quello che mostrano, ma l'interesse per il cibo.

Guardate cosa commerciano le persone, girate per la città e guardate cosa si vende: vestiti e oggetti per abbuffarsi.

In sostanza, questo è il modo in cui dovrebbe essere e non può essere altrimenti. Non pensare al cibo, mantenere questa ingordigia entro dei limiti è possibile solo quando una persona mangia ciò che è necessario; ma quando una persona, mangiato il necessario, continua a mangiare fino a che ha lo stomaco pieno, smette di mangiare, non può essere altrimenti.

Se una persona ama il piacere del cibo, permette a sé stessa di amare questo piacere, trova che questo piacere sia buono (come anche la stragrande maggioranza delle persone nel nostro mondo, anche quelle colte, sebbene fingano il contrario), non ci sono limiti al suo aumento, non ci sono limiti oltre i quali non potrebbe crescere. La soddisfazione del bisogno ha dei limiti, ma quella del piacere non ne ha. Per soddisfare le esigenze è necessario e sufficiente mangiare il pane, la kaša o il riso; per aumentare il piacere non c'è fine ai condimenti e ai manicaretti.

Il pane è un cibo necessario e sufficiente (prova di ciò – sono milioni di persone forti, leggere, sane, che lavorano molto mangiando solo pane). Ma è meglio mangiare il pane con un condimento. È bene bagnare il pane nell'acqua, nel brodo di carne. È ancora meglio mettere le verdure in questa acqua, e ancora meglio verdure di diverso tipo. È bene mangiare anche la carne. Ma la carne è meglio mangiarla solo arrosto, non bollita. Ed è ancora meglio cuocere brevemente al burro, al sangue le parti più nobili. E a questo accompagnare verdure e senape. E berci del vino, preferibilmente rosso. Non si ha più appetito, ma si può mangiare ancora del pesce, se si accompagna a una salsa e ci si beve del vino bianco. Sembrerebbe proprio che non ci fosse più bisogno di nulla di grasso né di saporito. Però il dolce lo si può ancora mangiare, d'estate il gelato, d'inverno il kompot [bevanda dolce non alcolica a base di frutta o bacche, dessert a base di frutta bollita immersa nello sciroppo; NdT], la marmellata eccetera. Ed ecco qui una cena, una cena modesta. Il piacere di questa cena può essere molto, molto aumentato. E lo aumenta, e questo aumento non ha limiti: e i zakuski [pietanze che accompagnano l'ingestione di vodka e altri alcolici, come cetrioli in salamoia; NdT], che stuzzicano l'appetito, e gli entremets [cibo leggero servito prima del dessert; NdT], e i dessert e

le diverse composizioni di delizie, e i fiori, e le decorazioni
e la musica una volta terminata la cena.

E la cosa incredibile è che le persone che fanno ogni
giorno cene del genere, di fronte alle quali il fatale
banchetto di Balthasar non è niente, sono convinte di
condurre una vita buona.

IX - Visita al macello di Tula

Le persone sono deboli perché mangiano cibo non adatto all'uomo

Mangiare di magro è una condizione necessaria per una vita buona; ma anche nel mangiare di magro, come nell'autocontrollo, la domanda è dove iniziare a mangiare di magro, come mangiare di magro, quante volte mangiare, cosa mangiare, cosa non mangiare? E proprio come non si può seriamente fare alcun lavoro senza padroneggiare la successione necessaria, non si può mangiare di magro senza sapere da dove iniziare a mangiare di magro, dove iniziare l'astinenza dal cibo.

Mangiare di magro. E anche nel mangiare di magro occorre distinguere come mangiare di magro e da cosa cominciare.

Questo pensiero sembra ridicolo, assurdo alla maggior parte delle persone.

Ricordo come, con orgoglio per la sua originalità, un evangelicale che attaccava alcuni aspetti dell'ascetismo mi diceva: il mio cristianesimo non prevede mangiare di magro né privazioni, neanche di bistecche. Cristianesimo e virtù prevedono, come no, bistecche!

Nella nostra vita ci sono talmente tante cose selvagge, immorali, soprattutto in quella zona bassa del primo passo verso una vita buona, – il rapporto con il cibo, al quale non c'è nessuno che presti attenzione – che facciamo fatica persino a capire l'audacia e la follia di affermare il cristianesimo o la virtù con la bistecca.

Dopotutto, non inorridiamo a questa affermazione solo perché ci accade un fatto strano: guardiamo e non vediamo, ascoltiamo e non sentiamo. Non c'è puzza che un uomo non annusi, non c'è suono cui non presti l'orecchio, una brutta azione che si metta a osservare, quindi non si fa più caso a ciò che per una persona non abituata sarebbe stupefacente. Esattamente lo stesso vale nel campo della moralità. Il cristianesimo e la moralità con la bistecca!

L'altro giorno ero al mattatoio nella nostra città di Tula. Abbiamo costruito un mattatoio in un modo nuovo, perfezionato, fatto come nelle grandi città, in modo che gli animali che stanno per essere macellati soffrano meno possibile. Era venerdì, due giorni prima della Festa della Trinità [50 giorni dopo Pasqua. NdT]. C'era molto bestiame.

Ancora prima, molto tempo fa, leggendo lo splendido libro *The Ethics of Diet* [1882, di Howard Williams. NdT], mi è venuta voglia di andare al macello, per vedere coi miei occhi l'essenza di ciò che si dice quando si parla di vegetarianismo. Ma mi sono vergognato, come ci si vergogna sempre ad andare a vedere un posto dove ci saranno delle sofferenze inevitabili, e ho rimandato tutto.

Ma di recente ho incontrato per strada il macellaio che era andato a casa e ora stava tornando a Tula. È ancora un macellaio inesperto, e la sua incombenza è di uccidere con un pugnale. Gli ho chiesto se provava pietà nell'uccidere gli animali, e come rispondono sempre, ha risposto: «Ma pietà di che cosa? Bisogna ben farlo». Ma quando gli ho detto che non è necessario mangiare carne, lui è stato d'accordo e ha ammesso che provava pietà. «Che fare? Abbiamo ben bisogno di nutrirci», disse. «Prima uccidere mi faceva paura, mio padre, quello, in vita sua non ha ammazzato nemmeno una gallina». La maggior parte dei russi non è capace di uccidere, prova pietà, esprimendo questo senso dicendo di «avere paura». Anche lui "aveva paura", ma ha smesso. Mi ha spiegato che il lavoro più grande è il venerdì e dura fino a sera.

Recentemente, ho anche avuto una conversazione con un soldato, un macellaio, e ancora, allo stesso modo, è stato sorpreso dalla mia affermazione se non provava pietà a uccidere; e, come sempre, ha detto che uccidere è nell'ordine delle cose; ma poi si è detto d'accordo: «Soprattutto quando la bestia è tranquilla, addomesticata. Cammina fiduciosa, crede in te. Fa molta pena!»

Una volta tornavamo a piedi da Mosca e sulla strada ci hanno dato un passaggio dei carrettieri che venivano da Serpuhóv e andavano in un bosco da un mercante a prendere la legna da ardere. Era un giovedì di magro [nella religione ortodossa i giorni di magro sono molto più numerosi che in quella cattolica. NdT]. Viaggiavo sul carro davanti con il cocchiere, un mugik forte, paonazzo, rozzo, che evidentemente aveva bevuto parecchio. Entrando in un villaggio vedemmo che dall'ultimo cortile trascinavano un maiale grasso, spellato, rosa per ucciderlo. Proprio mentre passavamo noi, si sono messi a sgozzare il maiale. Uno degli uomini lo ha colpito alla gola con un coltello. Il maiale ha emesso un grido ancora più forte e penetrante, si è divincolato ed è scappato via cospargendosi di sangue. Io sono miope e non vedevo tutto nel dettaglio, io vedevo solo il corpo del maiale rosa, come di un umano, e sentivo l'urlo disperato; ma il cocchiere vedeva tutto nei dettagli e, senza distogliere mai lo sguardo, ha continuato a guardare in quella direzione. Il maiale è stato catturato, abbattuto e si sono messi a tagliarlo. Quando è taciuto il suo urlo, il cocchiere ha fatto un sospiro profondo. «Possibile che non debbano rispondere a nessuno?» ha detto il cocchiere.

È così forte l'avversione delle persone per qualsiasi uccisione, ma l'esempio, l'abbandonarsi all'ingordigia umana, l'affermazione che questo è permesso da Dio, e soprattutto l'abitudine, portano gli uomini a perdere del tutto questo sentimento naturale.

Venerdì sono andato a Tula e ho incontrato un bravo uomo mansueto che conosco, e l'ho invitato a unirsi a me.

«Sì, ho sentito che qui c'è un ottimo impianto, e volevo vederlo, ma se macellano non entro».

«Ma come, è proprio quello che voglio vedere io! Se c'è la carne, è necessario macellare».

«No, no, non ce la faccio».

In tutto questo è notevole che questa persona sia un cacciatore e uccida di persona uccelli e selvaggina varia.

Siamo arrivati. Già all'ingresso si sentiva un odore pesante, ripugnante, marcio, di colla da falegname o di vernice sulla colla. Più ci avvicinavamo, e più questo odore era intenso. L'edificio è rosso, di mattoni, molto grande, con volte e alte ciminiere. Abbiamo varcato i cancelli. A destra c'era un grande cortile recintato, esteso un quarto di desâtina [desâtina = 1,0925 ettari. NdT], il luogo in cui due giorni a settimana portano il bestiame da vendere e ai margini di questo spazio c'è la casetta del custode; a sinistra c'erano, come vengono chiamate, le camere, ovvero le stanze con cancelli circolari, con il pavimento concavo asfaltato e con un meccanismo per appendere e spostare le carcasse. Vicino al muro della casetta, a destra, su una panchina sedevano cinque o sei macellai con i grembiuli macchiati di sangue, con le maniche arrotolate e sporche sulle braccia muscolose. Avevano finito di lavorare da mezz'ora, quindi per oggi abbiamo potuto vedere solo le camere vuote. Nonostante le porte fossero entrambe aperte, nella camera c'era un pesante odore di sangue caldo, il pavimento era tutto marrone, lucido, e negli incavi del pavimento c'era del sangue nero rappreso.

Uno dei macellai ci ha raccontato come uccidono e ci ha mostrato il luogo dove questo avviene. Non l'ho capito benissimo e mi sono fatto un'idea falsa, ma molto spaventosa di come uccidono, e ho pensato, come spesso accade, che la realtà facesse meno impressione dell'immaginazione. Ma in ciò mi sbagliavo.

La volta successiva sono arrivato al mattatoio in orario. Era il lunedì prima della Trinità. Era un giorno di giugno molto caldo. L'odore di colla, di sangue era più forte e evidente quella mattina, rispetto alla prima volta che lo avevo visto. Lavoravano a pieno ritmo. L'intera piazzola polverosa era piena di bestiame, e il bestiame veniva spinto in tutti i recinti intorno alle camere.

Verso l'accesso alla strada c'erano carri con tori, vitelli, vacche legati alle stanghe del carro. Carri trainati da buoni cavalli, con teste vive, accatastate, penzolanti, con i vitelli arrivavano e venivano scaricati; e gli stessi carri con le zampe sporgenti e oscillanti delle carcasse dei tori, con le loro teste, polmoni rosso brillante e il loro fegato marrone, si allontanavano dal macello. Presso la recinzione i vaccari stavano a cavallo. Gli stessi vaccari-mercanti con i loro lunghi cappotti, con sferze e knut in mano, giravano per il cortile o notavano il bestiame di un proprietario, o contrattavano, o dirigevano il trasferimento di buoi e tori dalla piazzola verso quei recinti da cui il bestiame entrava nelle camere stesse. Queste persone, evidentemente, erano tutte impegnate in giri di denaro, calcoli, e l'idea che uccidere questi animali fosse un bene o un male era lontana da loro come l'idea della composizione chimica del sangue di cui era cosparso il pavimento delle camere.

Di macellai non se ne vedeva nessuno fuori, erano tutti nelle camere, al lavoro. In quel giorno vennero uccisi un centinaio di tori.

Sono entrato nella camera e mi sono fermato sulla porta. Mi sono fermato anche perché nella camera c'era poco posto per le carcasse da spostare e, poiché il sangue gocciolava giù da sopra, e poiché tutti i macellai ne erano imbrattati, andando al centro, mi sarei sicuramente macchiato di sangue. Una carcassa sospesa è stata rimossa, un'altra è stata trasferita vicino alla porta, una terza – un bue morto, giaceva con le zampe bianche verso l'alto, e il macellaio col forte pugno tagliava via la pelle tesa.

Dalla porta opposta a quella in cui mi trovavo, in questo stesso momento, conducevano un grosso bue, rosso, sazio. Lo trascinavano in due. E non riuscivano a farlo entrare e, come ho visto, un macellaio ha sollevato un pugnale sopra il collo e lo ha colpito. Il bue, come se in un colpo gli avessero tagliato tutte e quattro le zampe, si è schiantato sul ventre, è caduto immediatamente su un fianco e le zampe e la parte posteriore hanno incominciato a tremare. Immediatamente, un macellaio si è appoggiato dalla parte anteriore del toro al lato opposto delle sue zampe che si dimenavano, lo ha afferrato per le corna, ha piegato la testa a terra, e un altro macellaio gli ha tagliato la gola con un coltello, e da sotto il muso s'è messo a sgorgare sangue rosso scuro, sotto il cui flusso un bambino tutto imbrattato ha messo una bacinella di latta. Per tutto il tempo mentre lo facevano, il bue contraeva incessantemente la testa, come se cercasse di alzarsi, e dimenava tutte e quattro le zampe in aria. La bacinella si è riempita velocemente, ma il bue era vivo e, tenendo tesa la pancia, dimenava le zampe posteriori e anteriori, tanto che i macellai dovevano schivarle. Quando la bacinella è stata piena, il bambino l'ha portata in testa fino alla fabbrica di albumina, e un altro l'ha sostituito con un'altra bacinella, e anche questa ha iniziato a riempirsi. Ma il bue tendeva la pancia e contraeva le zampe posteriori. Quando il sangue ha smesso di colare, il macellaio ha sollevato la testa del bue e ha iniziato a scuoiarla. Il bue continuava a dimenarsi. La testa si era spellata ed era diventata rossa con venature bianche e aveva assunto la posizione che le davano i macellai, ai due lati penzolava la pelle. Il bue non smetteva di dimenarsi. Poi l'altro macellaio ha afferrato il toro per una zampa, l'ha spezzata e l'ha tagliata. Lungo l'addome e le restanti zampe correvano ancora i brividi. Hanno tagliato anche le altre zampe e le hanno gettate dove gettavano le zampe dei buoi. Poi hanno trascinato la carcassa verso l'argano e lì l'hanno aperta, non c'erano più movimenti.

Così ho guardato dalla porta il secondo, terzo e quarto bue. Per tutti è accaduta la stessa cosa: la testa spellata con la lingua morsicata e il didietro che si dimena. L'unica differenza era che il mattatore non colpiva sempre esattamente nel punto con cui aveva colpito il primo bue. Succedeva che il macellaio mancasse il colpo, e il bue si alzasse, muggisse, cospargendosi di sangue, sfuggisse alla presa. Ma poi veniva trascinato sotto la trave, lo colpivano un'altra volta, e cadeva. Sono poi andato dal lato della porta da cui li facevano entrare. Qui ho visto lo stessa cosa, solo più da vicino e quindi più chiara. Ho visto qui la cosa principale che non avevo visto dalla prima porta: in che modo costringevano i buoi a entrare da questa porta. Ogni volta che un bue veniva preso dal recinto e veniva preso dalle corna e trascinato con una corda, il bue, sentendo l'odore di sangue, si impuntava, a volte muggiva e arretrava. Non sarebbe stato possibile trascinarlo con la forza in due, e quindi ogni volta uno dei macellai gli andava dietro, prendeva il bue per la coda e la torceva, così da far spezzare la cartilagine, e il bue avanzava.

Hanno finito i buoi di un proprietario, è arrivato il bestiame di un altro. La prima bestia di questa mandria di un altro proprietario non era un bue, ma un toro. Bello, di razza, nero con pezzature e zampe bianche, – un animale giovane, muscoloso, energico. L'hanno tirato; ha abbassato la testa e si è impuntato con decisione. Ma il macellaio dietro di lui, come un macchinista si attacca alla leva del fischio, ha afferrato la coda, si è messo a torcerla, la cartilagine ha scricchiolato, e il toro è corso avanti, caricando le persone che lo trascinavano con la corda, e di nuovo si è impuntato, guardando di traverso, con un occhio nero pieno di sangue. Ma la coda è stata girata ancora e il bue è corso avanti e si è trovato nel posto dove doveva essere. Il mattatore è arrivato, ha preso la mira e ha colpito. Il colpo non è andato a segno. Il bue è saltato in alto, ha scosso la testa, ha muggito e, coperto di sangue, si è buttato indietro. Tutte le persone sulla soglia delle porte hanno fatto un passo indietro. Ma i macellai abituati a ciò con un coraggio sviluppato dal pericolo, hanno afferrato vigorosamente la fune, di nuovo la coda e di nuovo il toro si è trovato nella camera dove gli hanno messo la testa sotto la trave, da dove non è scappato. Il mattatore ha cercato subito quel punto dove i peli si aprono come una rosa e, nonostante il sangue, lo ha trovato, lo ha colpito e la bellissima bestia piena di vita ha cominciato a sbattere con la testa, con le zampe finché non le hanno cavato il sangue e le hanno scuoiato la testa sgozzata.

«Vedi, dannazione, non è caduta come avrebbe dovuto cadere», ha borbottato il macellaio tagliandogli via la pelle dalla testa.

Dopo cinque minuti la testa era già rossa, invece che nera, senza pelle, con gli occhi vitrei bloccati che fino a cinque minuti prima scintillavano di un così bel colore.

Poi sono andato nel reparto dove viene macellato il bestiame piccolo. La camera è molto grande, lunga, con un pavimento asfaltato e i tavoli con una spalliera su cui vengono macellati pecore e vitelli. Qui il lavoro era già finito; nella camera lunga, impregnata dell'odore di sangue, c'erano solo due macellai. Uno soffiava dentro la zampa del montone già morto e picchiettava con il palmo la pancia gonfia; l'altro, un giovane con il grembiule schizzato di sangue, fumava una sigaretta. Non c'era più nessun altro nella camera buia, lunga e impregnata dell'odore pesante. Dietro di me è arrivato quello che sembrava un soldato in pensione e ha portato, legato per le zampe, un agnello nero con una macchia sul collo e lo ha messo su uno dei tavoli, come sul letto. Il soldato, evidentemente, era un conoscente, ha salutato e s'è messo a parlare di quando il padrone avrebbe permesso loro di andare via. Quello giovane con la sigaretta si è avvicinato con un coltello, lo ha sistemato sul bordo del tavolo e ha risposto che sarebbero andati via per le feste. L'agnello vivo così giaceva in silenzio, come morto, gonfio, agitava solo velocemente la coda corta e più spesso del solito, dimenava i fianchi. Il soldato, leggermente e senza sforzi, teneva la testa che si alzava; quello giovane, continuando la conversazione, ha preso con la mano sinistra la testa dell'agnello e gli ha tagliato la gola. L'agnello si è immobilizzato, la coda si è smollata e ha smesso di muoversi. Quello giovane, mentre aspettava che il sangue finisse di uscire, si è riacceso la sigaretta spenta. Il sangue scorreva e l'agnello ha cominciato a contrarsi. La conversazione continuava senza la minima interruzione.

E quelle galline, polli, che ogni giorno in migliaia di cucine, col collo sgozzato, versando sangue, saltellano in modo comico, orrendo, sbattendo le ali?

E il bello è che la gentile e raffinata signora si ingozza dei cadaveri di questi animali sicurissima di essere nel giusto, affermando due princìpi che si escludono a vicenda:

Il primo è che lei, come il suo medico le assicura, è così delicata da non tollerare un'alimentazione solo vegetale, e che ha bisogno di carne per il suo corpo debole; il secondo è che è così sensibile che non solo non può infliggere sofferenze agli animali, ma nemmeno tollerare di assistere a tali sofferenze.

Eppure è debole, questa povera signora, solo perché le è stato insegnato a mangiare cibo che non è proprio dell'uomo; e quanto al causare sofferenza agli animali non può sentirsi innocente, dal momento che se ne ingozza.

X - Non possiamo fare finta di non saperlo
Astenersi dalla carne è il primo passo della vita morale

Non possiamo fare finta di non saperlo. Non siamo struzzi e non possiamo credere che, se non guardiamo, non c'è quello che non vogliamo vedere. Inoltre, questo è impossibile dal momento che non vogliamo vedere proprio ciò che vogliamo mangiare. E, soprattutto, se fosse indispensabile. Ma supponiamo che non sia indispensabile, a cosa serve? – A niente [coloro che dubitano di questo, leggano i numerosi libri scritti da scienziati e medici su questo argomento, che dimostrano che la carne non è necessaria per l'alimentazione umana. E non ascoltino quei medici dell'Antico Testamento, che sostengono la necessità di nutrirsi con la carne solo perché i loro predecessori e loro stessi l'hanno accettato per molto tempo; lo difendono con tenacia, con cattiveria, come sempre si difendono le cose vecchie, obsolete. NdA]. Solo per educare sentimenti feroci, coltivare lussuria, fornicazione, ubriachezza. Ciò è costantemente confermato dal fatto che persone giovani, gentili e incontaminate, in particolare donne e ragazze, sentono, non sapendo come una cosa discende dall'altra, che la virtù non è compatibile con la bistecca e, se solo desiderano essere buone, smettono di mangiare la carne.

Cosa voglio dire? Che le persone devono smettere di mangiare carne per essere morali? Niente affatto.

Vorrei solo dire che per una vita buona è necessario fare delle buone azioni in un certo ordine; che se il desiderio di una vita buona è serio in una persona, prende inevitabilmente un certo ordine; e che in questo ordine la prima virtù a cui una persona lavora è l'astinenza, l'autocontrollo. Nella ricerca dell'autocontrollo, una persona segue inevitabilmente anche un certo ordine, e in questo ordine, il primo punto è l'autocontrollo nel cibo, è il mangiare di magro. Mangiando di magro, se una persona sta seriamente e sinceramente cercando una vita buona, la prima cosa da cui si astiene è sempre mangiare animali, perché, senza parlare delle passioni suscitate da questo cibo, mangiarli è direttamente immorale, poiché richiede un'azione che va contro al senso morale – l'uccisione, ed è causata solo dall'ingordigia, dal desiderio di leccornie.

Perché proprio astenersi dal mangiare animali è la prima cosa del mangiare di magro e della vita morale, ben detto, e non solo dal singolo, ma da tutta l'umanità nella persona dei suoi migliori esponenti durante tutta la vita consapevole dell'umanità. «Ma perché, se l'illegalità, ovvero l'immoralità del mangiare animali è nota da così tanto tempo all'umanità, le persone finora non hanno preso coscienza di questa legge?» si chiedono le persone che tendono a farsi guidare non tanto dalla propria ragione, quanto dall'opinione generale. La risposta a questa domanda è che tutto il movimento morale dell'umanità, che costituisce la base di ogni movimento, avviene sempre lentamente; ma che la caratteristica di un movimento autentico, non casuale, è la sua continuità e la sua costante accelerazione.

E questo movimento è il vegetarianismo. Questo movimento è espresso sia in tutti i pensieri degli scrittori che hanno trattato l'argomento sia nella vita stessa dell'umanità, che inconsciamente è passata dal mangiare la carne al cibo vegetale, sia coscientemente nel movimento del vegetarianismo che si manifesta con una forza particolare e assume proporzioni sempre più grandi. Questo movimento continua da dieci anni ed è sempre più in aumento: ogni anno escono sempre più libri e riviste su questo argomento; è sempre più frequente che le persone smettano di mangiare carne; e all'estero ogni anno, soprattutto in Germania, Inghilterra e America, aumenta il numero di alberghi e trattorie vegetariani.

Questo movimento dovrebbe essere un particolare motivo di gioia per le persone che vivono con il desiderio di realizzare il regno di Dio sulla terra, non perché il vegetarianismo sia in sé stesso un passo importante verso questo regno (tutti i passi autentici sono sia importanti che non importanti), ma perché serve un segno che la ricerca del miglioramento morale dell'uomo sia seria e sincera, poiché ha preso il suo caratteristico ordine immutabile, che inizia dal primo gradino.

Non si può non gioire di questo, come non si potrebbe non gioire delle persone che volevano salire al piano più alto della casa e prima strisciavano disordinate e confuse sulle pareti, mentre ora hanno cominciato finalmente ad andare verso il primo gradino della scala e si sono tutte affollate su questo, sapendo che è impossibile salire senza passare da questo primo gradino della scala.

Poesia

Osip Mandel'štàm, Pietra (edizione cartacea: La Vita Felice)
Osip Mandel'štàm, Tristia. Secondo libro (edizione cartacea: La Vita Felice)
Osip Mandel'štàm, Quaderni di Mosca (edizione cartacea: La Vita Felice)

Anna Achmàtova, Stormo bianco (edizione cartacea: La Vita Felice)
Anna Achmàtova, Rosario (edizione cartacea: La Vita Felice)
Anna Achmàtova, Sera (edizione cartacea: La Vita Felice)
Anna Achmàtova, Tutte le poesie

Marina Cvetàeva Mestiere (edizione cartacea: La Vita Felice)
Marina Cvetàeva Accampamento dei cigni-Separazione (edizione cartacea: La Vita Felice)
Marina Cvetàeva Verste. Poesie 1916-1920 (edizione cartacea: La Vita Felice)
Marina Cvetàeva È ora di spegner la lanterna. Ultime poesie 1936-1941

Aleksandr Blok Bolle di terra - Viola notturna - Maschera di neve
Aleksandr Blok Crocevia (edizione cartacea: La Vita Felice)
Aleksandr Blok Città (edizione cartacea: La Vita Felice)
Aleksandr Blok Poesie sulla bellissima dama
Aleksandr Blok Ante Lucem

Dino Campana Tutte le poesie
Vladìmir Majakovskij Tutte le poesie (1912-1930)
T.S.Eliot Canzone d'amore di J. Alfred Prufrock
Cantico dei cantici
Bruno Osimo Spazio intorno allo squalo
Bruno Osimo Poesie dall'ospedale psichiatrico
Bruno Osimo Poesie apocrife di Anna Ahmàtova
Bruno Osimo A Silva
Bruno Osimo Per tenerti la mano tra coyote e cinghiale
Bruno Osimo Sguardi rubati ; Gianpaolo Tescari
Bruno Osimo Bolle d'accompagnazione
Bruno Osimo Proposta sibillina

Bruno Osimo Ce l'hai scarico da un pezzo
Bruno Osimo Sei un vaso di fiori di campo
Bruno Osimo La scoiattola d'autunno

Bruno Osimo Semiotica semplice
Bruno Osimo Semiotics for Beginners
Bruno Osimo Semiotica per principianti
Lev Vygótskij, Pensiero e parola
Charles Sanders Peirce Filosofia della mente
Jurij Lotman Il testo nel testo
Jurij Lotman Le tre funzioni del testo
Jurij Lotman Autocomunicazione: «Io» e «Un altro» come destinatari
Jurij Lotman Le mie memorie 1922-1940
Jurij Lotman La semiosfera: culture
Jurij Lotman La cultura e l'intelligentnost'
Jurij Lotman Il ruolo dell'arte nella cultura
Jurij Lotman Asimmetria e dialogo
Jurij Lotman Il modello della struttura bilingue
Peeter Torop La semiotica della cultura. Introduzione alla scuola di Tartu fondata da Lotman.
Peeter Torop Biografia privata di Lotman attraverso gli autoritratti. Il discorso interno di uno studioso
Peeter Torop La transmedialità dell'autocomunicazione della cultura
Peeter Torop Sugli inizi della semiotica della cultura alla luce delle tesi della scuola di Tartu-Mosca

Opere di Gógol'

La lettera scomparsa
Notte di maggio ovvero L'annegata
La sera della vigilia di Ivàn Kupàla
La fiera di Soróčinci
Memorie di un pazzo

Opere di Solženìcyn

L'arresto. Vivere e morire ai tempi dei gulag
L'istruttoria. Torture, false confessioni, gulag
Storia delle fogne russe. Ondate di deportazione in gulag
La donna in lager. Vita quotidiana nei gulag

Dùšečka
Zio Vanja
Tre sorelle
Il gabbiano
Il giardino dei ciliegi (L'amareneto)
L'insegnante di lettere
Dama con cagnolino: racconto
Casa con mezzanino (racconto di un pittore)
Racconto della signora X
L'isola di Sachalìn
La dacia nuova
A proposito dell'amore
I mužikì
Alle feste di Natale
Per affari di servizio
Nel baratro
Tre anni
Il duello
Ionyč: racconto
L'arciereo: racconto
La sposa: racconto
Kaštanka: racconto
Ragazzi: racconto
Principessa: racconto

Imparare a scrivere dai bambini
Infanzia
Non uccidere nessuno
Non posso stare zitto Contro la pena di morte
Su ciò che viene chiamato «arte»
Il Vangelo spiegato ai bambini
Il parassitismo
Sonata «Kreutzer»
Il desiderio sessuale
Religione e morale
Perché la gente si droga?
Perché non mangio la carne

Opere di Dostoevskij

Notti bianche
Memorie dal sottosuolo
Il villaggio di Stepànčikovo e i suoi abitanti

Opere di Leskóv

L'ebreo in Russia
Il pellegrino incantato. Il mancino
L'angelo sigillato. L'ebreo in Russia

Opere di Bulgàkov

Comune operaia № 13
Il mago nero
Ho ucciso e altri racconti

Opere di Pùškin

Evgénij Onégin

Fiabe popolari

Sivko-burko
Fiaba su Ivàn-zarévič, sull'uccello-brace e sul lupo grigio
Vasilìsa la bellissima. La sorellina volpina. Ivàn Zarévič

Sulla traduzione

Peeter Torop Total Translation
Vlahov Florin The Translation of Realia
B., S.A. Osimo Cognitive distortion, translation distortion, and poetic distortion as semiotic shifts
Bruno Osimo On Psychological Aspects of Translation
Bruno Osimo Literary translation and terminological precision: Chekhov and his short stories
Bruno Osimo Basic notions of Translation Theory
Bruno Osimo Translation Studies. Contributions from Eastern Europe
Bruno Osimo Handbook of Translation Studies
Bruno Osimo Juri Lotman's Translation Handbook

Bruno Osimo Dictionary of Translation Studies
Bruno Osimo History of Translation
Bruno Osimo Roman Jakobson's Translation Handbook
Bruno Osimo The Translation of Culture
Bruno Osimo Prototext-metatext translation shifts
Anton Popovič La scienza della traduzione
Peeter Torop La traduzione totale
Aleksandar Lûdskanov Un approccio semiotico alla traduzione
Vlahov Florin La traduzione dei realia
Revzin Rozencvejg Manuale di semiotica della traduzione
Jiří Levý La creatività linguistica e letteraria del traduttore
Jiří Levý Stile letterario e stile traduttivo. Come si forma il traduttese
Zuzana Jettmarová Teoria ceca della traduzione
B., S.A. Osimo Distorsione cognitiva, distorsione traduttiva e distorsione poetica come cambiamenti semiotici
Bruno Osimo Manuale del traduttore di Giacomo Leopardi
Bruno Osimo Peeter Torop per la scienza della traduzione
Bruno Osimo La traduzione totale. Spunti per lo sviluppo della scienza della traduzione
Bruno Osimo Teoria della mediazione linguistica
Bruno Osimo Traduzione come metafora, traduttore come antropologo
Bruno Osimo La memoria della cultura: traduzione e tradizione in Lotman
Bruno Osimo Traduzione e nuove tecnologie
Bruno Osimo Terminologia semiotica e scienza della traduzione
Bruno Osimo La lingua non salvata
Bruno Osimo Traduzione giuridica e scienza della traduzione
Bruno Osimo Traduzione della cultura
Bruno Osimo Traduzione letteraria e precisione terminologica
Bruno Osimo Traduzione e qualità
Bruno Osimo Traduzione: aspetti mentali
Bruno Osimo La traduzione totale di Peeter Torop

Fuori collana

Federico Bario Come batteva il tamburo
Aleksandr Ânov Le origini dell'autocrazia
Anatolij Rybakov Gli anni del grande terrore
Raffaello Giovagnoli Spartaco
Mihail Arcybašev Sangue
Mikhail Artsybashev Blood
Julija Voznesenskaja Decamerone delle donne
Solomon Volkov Pietroburgo. Storia culturale

87

Solomon Volkov Šostakovič e Stalin: l'artista e lo zar
Howard Rheingold Comunità virtuali
Bruno Osimo Il poeta in affari veniva da molto lontano
Bruno Osimo Esercizi di stile traduttivo
Bruno Osimo Melanzane dall'antipasto al dolce
Bruno Osimo Dizionario di psicoanalisi
Lucilla Porta, Una sorta di affetto. Romanzo
Tamara Nigi, Stazioni di transito. Haiku scritti sull'acqua
Poesia nascosta. Seicento ricette di cucina ebraica in Italia
Graziella Colonna, Memorie 1927-2024